AF224230

Dix Nouvelles Années de Trouvailles

(1915-1925)

†R. P. A.-L. DELATTRE

DES PÈRES BLANCS

IMPRIMERIE PAUL FERON-VRAU

17, RUE JEAN-GOUJON — PARIS-8e

CARTHAGE TERRE MARIALE

Dix Nouvelles Années de Trouvailles

(1915-1925)

R. P. A.-L. DELATTRE

DES PÈRES BLANCS

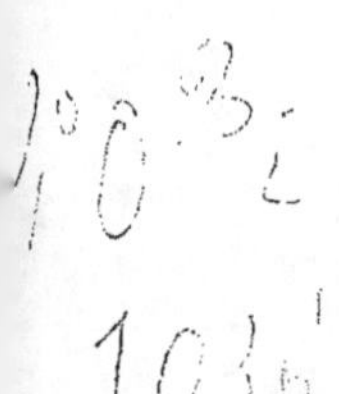

IMPRIMERIE PAUL FERON-VRAU

17, RUE JEAN-GOUJON — PARIS-8ᵉ

Dix nouvelles années de trouvailles (1915-1925)

Le 24 mai 1915, en la fête de Notre-Dame Auxiliatrice, Notre-Dame de Bon-Secours, je terminais et je signais une courte notice sur les trouvailles mariales réalisées à Carthage depuis le Congrès marial de Rome tenu, en décembre 1904, à l'occasion du cinquantenaire de la proclamation du dogme de l'Immaculée Conception. J'avais écrit pour ce Congrès un rapport sur les pièces mariales trouvées à Carthage, bien loin de soupçonner l'importance que l'on y attacherait à Rome et la faveur qu'il devait me réserver.

Mon manuscrit fut d'abord communiqué (1) au cardinal Rampolla, qui, très frappé des résultats obtenus, me fit adresser des remerciements et exprima le désir de me voir assister aux séances du Congrès pour y donner lecture de mon travail. C'était là une récompense bien inattendue. A Rome, le cardinal, protecteur de notre Société, me fit le plus bienveillant accueil. Il m'encouragea fortement à poursuivre mes recherches et à élargir le sillon que j'avais tracé. Aussi, de retour à Carthage, je ne négligeai aucune occasion de recueillir le moindre objet pouvant se rapporter au culte de la Sainte Vierge dans l'antiquité. Notre bonne Mère du ciel bénit de plus en plus mes recherches et, en 1907, je publiai mon volume : *Le Culte de la Sainte Vierge en Afrique, d'après les monuments archéologiques.*

A cette occasion, le cardinal Rampolla me fit le grand honneur de m'écrire une lettre par trop élogieuse (2) dont j'extrais ces quelques lignes :

C'est avec joie que je retrouve dans votre cher livre, harmonieusement réunis et complétés par beaucoup d'autres recherches et découvertes, les petits textes que, selon mon désir, vous avez présentés au Congrès marial ici à Rome... Que la Sainte Vierge vous bénisse, que votre livre puisse encourager bien d'autres enfants de Marie à poursuivre la route que vous avez tracée et travailler pour découvrir d'autres monuments sur le culte de Notre-Dame dans l'antiquité !

Les divers Congrès marials qui se tinrent après celui de Rome furent mis au courant des nouvelles trouvailles, et en 1915, comme je l'ai dit au début de cette notice, je publiai à Tunis, dans une petite brochure, le résultat de dix années de trouvailles.

Après dix autres années écoulées, en la pré-

sente Année jubilaire, il m'est venu à la pensée de consacrer le beau mois de Marie à relire mes notes journalières et à relever dans un tableau d'ensemble les trouvailles faites pendant cette nouvelle période décennale.

Cet exposé montrera comment la Très Sainte Vierge a continué de me réserver de bien agréables et pieuses surprises. Il semblerait cependant qu'à force de recueillir à travers les

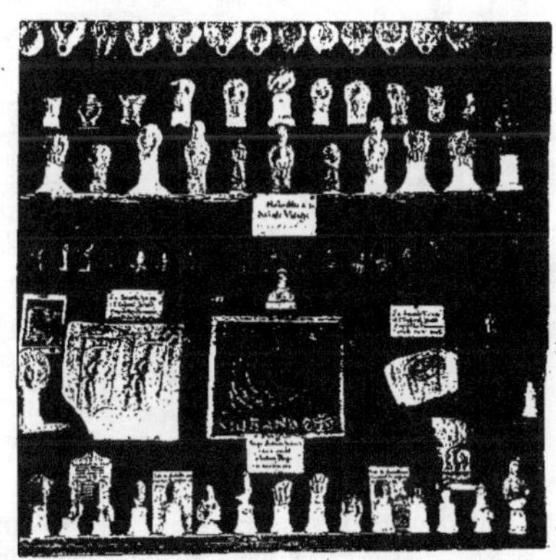

STATUETTES DE LA SAINTE VIERGE
ET INVOCATION A MARIE (Ve SIÈCLE)
(Vestibule du musée Lavigerie, à Carthage.)

ruines de Carthage ces précieux témoignages de la piété antique envers Marie, la mine dût infailliblement s'épuiser.

En effet, le champ des recherches diminue chaque année par suite des constructions qui s'élèvent sur les ruines de Carthage. De plus, les amateurs d'antiquités se montrent chaque jour plus nombreux. Je n'ai pas le droit de m'en plaindre. Mais bien des pièces mariales qui nous étaient présentées autrefois ont passé dans les mains d'amateurs ou de touristes qui les ont parfois achetées à des prix exagérés. C'est ainsi que, le 20 novembre 1920, un Arabe, me rencontrant sur le chemin, me présenta une bulle mariale dont il demandait 9 francs. Je lui en offris 5 parce que je tenais à l'avoir. Ce prix était assurément plus que convenable. Mais il

---

(1) Avant d'être remis au Comité du Congrès marial de 1904,
(2) Lettre du 16 novembre 1907.

ne voulut rien entendre et je dus renoncer à en faire l'acquisition. J'appris quelques jours après que ce plomb avait été vendu 12 francs à un touriste anglais.

Dieu sait combien de précieuses pièces ont suivi la même voie et ne seront jamais publiées ni étudiées scientifiquement.

Ce sont toujours les Arabes qui trouvent ces pièces antiques à travers les champs d'où les fortes pluies les font émerger. Après chaque orage, des bédouins, qui en ont fait leur métier, parcourent l'emplacement de Carthage, leurs yeux de lynx fixés au sol, dans l'espoir de faire

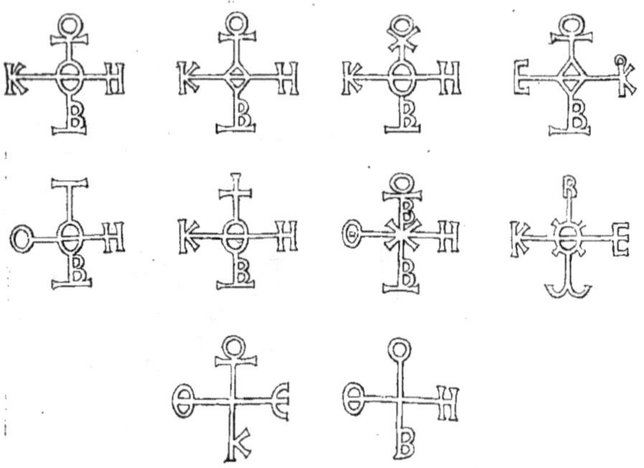

MONOGRAMMES CRUCIFORMES RENFERMANT L'INVOCATION :

« MÈRE DE DIEU PROTÈGE »

(D'après le grand ouvrage de M.-G. Schlumberger. *Sigillographie de l'empire byzantin*, 1884.)

quelque bonne trouvaille : intailles, camées, monnaies, etc. Ils connaissent les endroits où la chance peut davantage les favoriser. De temps en temps, ils rencontrent quelqu'un de ces plombs si difficiles à distinguer à cause de leur couleur qui les confond avec l'aspect de la terre.

On peut donc s'étonner que l'on en trouve encore un si grand nombre. J'ai dit comment beaucoup de pièces mariales nous échappent. Mais je dois de vives actions de grâces à la divine Providence, car plusieurs amateurs ont eu l'amabilité de faire don au musée Lavigerie des pièces mariales qu'ils possédaient. Je ne saurais assez remercier M. le Dr Houdard, de Tunis, M. Icard, correspondant du ministère de l'Instruction publique, et Mme Louis Carton, qui ont eu la générosité de m'offrir les pièces mariales de leur collection qui avaient pour moi un intérêt particulier.

Voici maintenant le résultat de ces dix der-

nières années. En 1915, j'écrivais que le nombre des trouvailles mariales à Carthage, pendant les dix années écoulées, atteignait le chiffre merveilleux d'environ *deux cent cinquante*. Pendant la nouvelle période décennale, malgré ce que j'ai exposé plus haut, nous avons réussi à enregistrer près de *deux cents* trouvailles mariales.

Le plus souvent, avec les bulles de plomb à l'image de la Sainte Vierge ou portant une invocation, ce sont des statuettes d'argile et surtout des fragments de statuettes que l'on trouve à Carthage. On rencontre ces pièces de terre cuite, avec d'autres poteries chrétiennes, dans les endroits habités jadis par les fidèles de Carthage. Quant aux bulles, elles ne se rencontrent que par hasard sur le sol.

On comprendra alors que chaque trouvaille soit pour moi une agréable surprise. Et ma joie est encore plus grande lorsque viennent s'y joindre quelques coïncidences particulières. Je laisserai au lecteur le soin de les deviner et le prierai d'en remercier avec moi l'Auteur de tout bien et la Très Sainte Vierge.

Parmi les bulles recueillies durant ces dix dernières années il y en a plus de *quatre-vingts* qui offrent l'image de la Sainte Vierge. Elle y apparaît la tête nimbée, tantôt en buste, tantôt en pied, debout ou assise, tantôt en orante et tantôt avec ou sans l'Enfant Jésus.

L'invocation à la Mère de Dieu, ΘΕΟΤΟΚΕ ΒΟΗΘΕΙ, s'est rencontrée près de quarante fois, mais beaucoup plus souvent en monogramme cruciforme qu'en toutes lettres. Elle est plus rarement complétée par le titre de ΔΟΥΛΟC, *Mère de Dieu protège ton serviteur*. Plus rare encore est le titre isolé de *Serviteur de la Mère de Dieu*, ΔΟΥΛΟC ΤΗC ΘΕΟΤΟΚΟΥ, sans la formule invocatoire.

Je signalerai ici les plus intéressantes avec l'indication de la date.

Année 1915.

11 février. Fête de l'apparition de l'Immaculée à Lourdes. Je recueille une bulle offrant la Sainte Vierge en orante.

17 février. Mercredi des Cendres. Bulle avec

la Sainte Vierge, en buste, l'Enfant Jésus sur la poitrine, entre deux petites croix. Au revers :

+
ΘѠΜΑ
ΠΑΤΡ
ΙΚΙΟV

« SCEAU DU PATRICE THOMAS. » Le patrice Thomas fut préfet du Prétoire d'Afrique dans la seconde moitié du VIᵉ siècle. Plusieurs fois déjà des exemplaires de son sceau ont été rencontrés à Carthage.

13 mars. Samedi. Bulle avec le monogramme de l'invocation à la Mère de Dieu.

20 mars. Samedi. Encore une bulle avec le monogramme marial et au revers l'inscription :

+ ΘЄΟ
ΔѠΡѠΔ
ΟΜЄϹΤΙ
ΚѠ +

L'inscription complète peut donc se traduire : « *Mère de Dieu, protège Théodore, écuyer* ou *garde du corps.* » Tel est le sens du mot ΔΟΜЄϹΤΙΚΟϹ, *palatinus eques.*

17 avril. Samedi. Bulle avec l'image de la Sainte Vierge en buste.

24 avril. Samedi. Bulle avec le monogramme cruciforme marial.

19 septembre. Solennité de la fête de saint Cyprien, patron du diocèse de Carthage et protecteur de l'Afrique du Nord. Belle bulle avec le monogramme de l'invocation à la Mère de Dieu.

24 septembre. Fête de Notre-Dame de la Merci. Statuette de la Sainte Vierge avec l'Enfant Jésus.

1ᵉʳ octobre. Fragment de marbre appartenant au chef-d'œuvre de sculpture du magnifique groupe antique de la Sainte Vierge dont nous avons fait Notre-Dame de Carthage. Ce fragment a été trouvé dans les terrains de Damous-el-Karita.

15 octobre. Fête de sainte Thérèse. Fragment d'une statuette de la Sainte Vierge avec l'Enfant Jésus et bulle avec le monogramme cruciforme de l'invocation à la Mère de Dieu.

18 octobre. Fête de saint Luc. Plusieurs fois déjà, les années précédentes, cette date a été marquée par une trouvaille mariale, particulièrement en 1907, 1912 et 1914. En 1915, j'ai la satisfaction d'enregistrer une bulle offrant la Sainte Vierge et l'Enfant Jésus.

25 octobre. Veille de la fête de saint Quodvultdeus, évêque de Carthage. Semblable trouvaille.

13 novembre. Samedi. Anniversaire de la naissance de saint Augustin. Aux fouilles de la basilique de Saint-Cyprien, près de Sainte-Monique, nous exhumons une dalle portant en première ligne :

MARIA VPC

C'est le nom d'une chrétienne qui s'était sans doute consacrée à Dieu : VIRGO PVELLA CHRISTI ?

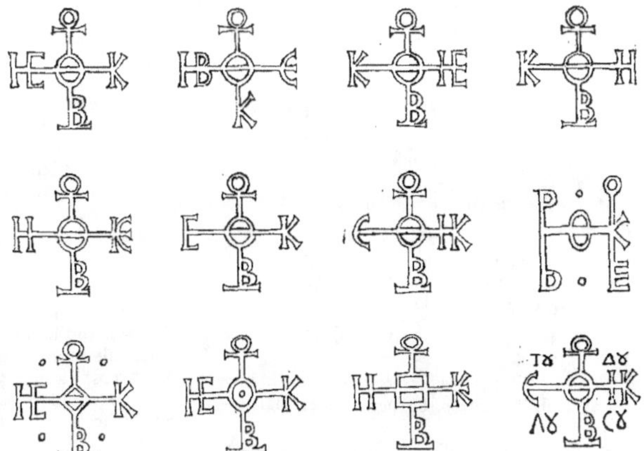

MONOGRAMMES DE L'INVOCATION ΘЄΟΤΟΚЄ ΒΟΗΘЄΙ « MÈRE DE DIEU PROTÈGE », RELEVÉS SUR LES BULLES BYZANTINES TROUVÉES A CARTHAGE

27 novembre. Samedi. Anniversaire de l'apparition de la Médaille miraculeuse à Catherine Labouré. Belle bulle offrant l'image de la Sainte Vierge en orante. Au revers :

·+·
PATI
ANVS
·

et au-dessous, deux petites palmes.

Année 1916.

22 janvier. Samedi. Bulle avec la Sainte Vierge en orante.

2 février. Purification. Un arabe me présente une cornaline semblable à celle que j'ai décrite dans mon volume : *le Culte de la Sainte Vierge en Afrique* (p. 155-163), avec l'image de la Sainte

Vierge mais sans l'invocation arabe à la Mère
de Dieu.

20 octobre. Bulle portant sur la face le buste
de la Sainte Vierge avec l'Enfant Jésus et au
revers le nom de ROGATVS en monogramme
cruciforme.

2 décembre. Samedi. Bulle au monogramme
marial.

Année 1917.

17 janvier. Bulle avec le monogramme marial :
« *Mère de Dieu, protège Georges.* »

28 avril. Samedi. Un Arabe me présente quatre
bulles. Deux offrent l'image de la Sainte Vierge.
Les deux autres portent en toutes lettres l'invocation à Marie :

+ ΘΕ   + ΓΕѠ
ΟΤΟΚ   ΡΓΙȢϹΤ
ΕΒΟΗΘ   ΡΑΤΗΛΑ
Ι   Τȣ

« *Mère de Dieu, protège Georges, commandant
d'armée.* »

+ ΘΕΟ   ϹΚΡΙ
ΤΟΚΕΒΟ   ΒѠΝΗ
ΗΘΙΓΕѠΡ   ΑΠΟΥΠΑ
ΓΙѠ +   ΤѠΝ +

« *Mère de Dieu, protège Georges* », dont le nom
est suivi de ses titres. Le personnage était ex-
consul.

9 juin. Samedi. Bulle portant en toutes lettres
l'invocation : « *Mère de Dieu, protège ton serviteur.* »

13 octobre. Samedi. Bulle portant encore
l'invocation à la Mère de Dieu :

+ ΘΕΟΤΟ
ΚΕΒΟΗΘΗ
ΤѠΔΟΥΛѠ
ϹΟΥ

Le personnage qui se mettait ainsi sous la pro-
tection de la Sainte Vierge était un ex-consul
ayant aussi le titre de préfet.

15 octobre. Fête de sainte Thérèse. Bulle offrant
la Sainte Vierge en orante. Au revers le nom
de STEFANVS en monogramme cruciforme.

21 octobre. Bulle avec monogramme marial.
« *Mère de Dieu, protège Alexandre.* »

23 octobre. Bulle avec l'inscription : « *Mère
de Dieu, protège Constantin.* »

6 novembre. Statuette entière de la Sainte
Vierge assise avec l'Enfant Jésus de face sur
ses genoux.

1er décembre. Samedi. M. le Dr Houdard, de
Tunis, m'offre une bulle portant le monogramme
de l'invocation à la Mère de Dieu.

Année 1918.

12 mai. Bulle avec le monogramme marial.

30 septembre. Bulle à double effigie impériale
portant sur une face la Sainte Vierge en pied
entre deux croix.

24 octobre. Belle bulle offrant la Sainte Vierge
avec l'Enfant Jésus entre deux petites croix. Au
revers :

+ ΘΕΟ
ΤΟΚΕΒΟΗ
ΘΗϹΕΡ
ΓΙΟΥ

« *Mère de Dieu, protège Sergius.* »

29 octobre. En la fête de saint Gaudiosus,
évêque d'Abitine, non loin de Carthage, j'ai la
joie de recueillir une bulle portant en toutes
lettres l'invocation à la Mère de Dieu.

1er novembre. Bulle offrant la Sainte Vierge
en pied avec l'Enfant Jésus ; deux anges semblent
la couronner. Au revers, un monogramme cruciforme donnant le nom de ΓΡΕΓѠΡΙΟϹ,
Grégoire.

Année 1919.

17 février. Bulle offrant le buste de la Sainte
Vierge avec l'Enfant Jésus. L'attitude de la Mère
et du Fils rappelle Notre-Dame du Bon-Conseil.
Au revers, un nom en monogramme.

16 mai. Bulle portant l'inscription :
Sur la face :

+
ΘΕΟ
ΤΟΚΕ
ΒΟΗ
ΘΕΙ

Au revers ·

+ Τȣ
ΔȢΛȢ
ϹΟΥ

Au-dessous une palme et à droite de celle-ci,
nom en monogramme : « *Mère de Dieu, protège
ton serviteur...* »

17 mai. Samedi. Un Arabe me présente une
bulle offrant le monogramme cruciforme de
l'invocation à la Mère de Dieu.

27 mai. Bulle portant la Sainte Vierge en
orante.

4 octobre. Samedi. Bulle sur laquelle se voit
la Sainte Vierge debout, l'Enfant Jésus sur sa
poitrine. Dans le champ, deux longues croix.

8 octobre. Fragment d'une statuette de la
Sainte Vierge avec l'Enfant Jésus sur les genoux.

14 octobre. Bulle avec le monogramme de l'invocation à la Mère de Dieu.

25 octobre. Samedi. Bulle avec le monogramme marial cruciforme et dans les angles l'inscription :

+ IѠANNOV

« *Mère de Dieu, protège Jean.* » Le même jour, achat d'une statuette de la Sainte Vierge.

2 novembre. Dernier jour du mois du Rosaire. Bulle offrant la Sainte Vierge, l'Enfant Jésus sur la poitrine, entre deux petites croix. Au revers, monogramme cruciforme.

8 novembre. Samedi. Fragment de statuette de la Sainte Vierge.

Année 1920.

30 avril. Fête du couronnement de Notre-Dame d'Afrique. Un Arabe m'apporte une statuette de la Sainte Vierge avec l'Enfant Jésus. Elle mesure 0^m,115 de hauteur.

19 mai. Bulle. La Sainte Vierge avec l'Enfant Jésus.

1er août. Bulle offrant la Sainte Vierge en pied ; à droite et à gauche, l'invocation en lettres superposées.

ΘЄ	B
OT	OH
OK	ΘH
Є	

« *Mère de Dieu, protège...* » Au revers, nom en monogramme.

23 août. Bulle offrant la Sainte Vierge en pied, entre deux petites croix ; sur l'autre face, la tête de l'empereur Maurice Tibère (582-602).

31 août. Le mois se termine par une belle trouvaille mariale. C'est une bulle avec cette inscription :

ΘЄOTO
KЄ BOH
ΘЄI
ΘЄOΦI
ΛAKTѠ
KVBIKV
ΛAPIѠ [1]

« *Mère de Dieu, protège Théophilacte Chambellan.* »

23 septembre. A la veille et aux premières Vêpres de la fête de Notre-Dame de la Merci. Une visite à Tunis chez le Dr Houdard me fournit l'occasion de voir sa collection de bulles byzantines provenant de Carthage. Il y en a huit offrant le buste nimbé de la Sainte Vierge avec l'Enfant Jésus, entre deux petites croix et portant au revers un nom propre en monogramme cruciforme. Deux autres plombs portent des

---

(1) Dans cette inscription les K sont remplacés par des C et les V ont la forme cursive.

variantes du monogramme de l'invocation à la Mère de Dieu.

7 octobre. Fête de Notre-Dame du Saint-Rosaire. Bulle portant l'inscription :

ΘЄOTOKЄ
BOHΘHTOV
ΔOVΛOV
COV

« *Mère de Dieu, protège ton serviteur.* » Au

STATUE DE NOTRE-DAME DE CARTHAGE
DANS LA BASILIQUE PRIMATIALE DE CARTHAGE

revers le nom et le titre du personnage, mais en partie effacés.

25 octobre. Bulle portant la Sainte Vierge avec l'Enfant Jésus sur la poitrine.

Année 1921.

26 février. Samedi. Bulle au monogramme marial. Au revers, l'inscription :

+
APCAΦ
IѠAΠOV
ΠATѠNΠ
ATPIK
IѠ *

« *Mère de Dieu, protège Arsaphios, ex-consul et patrice.*

12 mars. Samedi. Bulle portant sur une face la Sainte Vierge en pied avec l'Enfant Jésus, entre deux longues croix. Sur l'autre face, la tête de l'empereur Maurice (582-602).

10 octobre. Achat d'une statuette de la Sainte Vierge avec l'Enfant Jésus assis de face sur ses genoux.

8 novembre. Bulle. La Sainte Vierge en orante.

10 décembre. Samedi. Achat d'un fragment de statuette de la Sainte Vierge avec l'Enfant Jésus.

26 décembre. Bulle avec l'image de la Sainte Vierge portant l'Enfant Jésus sur sa poitrine. Le même jour, un amateur d'antiquités, M. Icard, me fait don d'une médaille antique. Elle est de plomb et a une seule face gravée. Elle offre la Sainte Vierge en orante avec l'Enfant Jésus sur la poitrine, et placée entre deux croix.

Année 1922.

6 janvier. Bulle offrant la Sainte Vierge debout, en orante, et au revers un monogramme cruci-

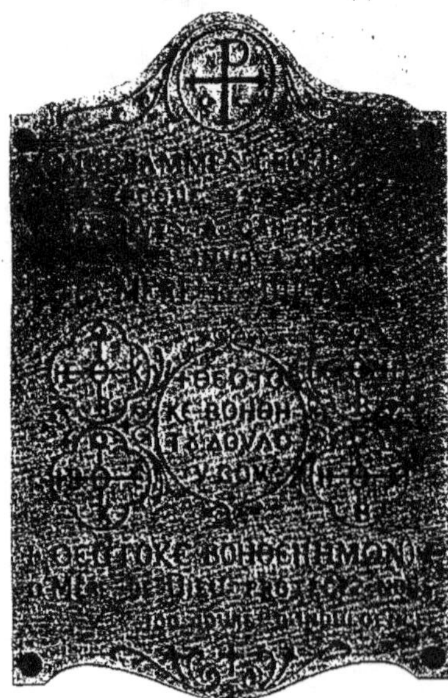

Phot. Musée Lavigerie.

PLAQUE DE MARBRE POSÉE DANS LA BASI-
LIQUE PRIMATIALE DE CARTHAGE REPRO-
DUISANT D'ANTIQUES INVOCATIONS A LA
MÈRE DE DIEU

forme donnant le nom de ΘΕΟΔѠΡΟϹ, Théodore.

25 février. Samedi. Beau plomb de bulle offrant le buste de la Sainte Vierge en orante. Au revers, nom en monogramme cruciforme.

25 août. Fête patronale de saint Louis. Achat d'une statuette de la Sainte Vierge avec l'Enfant Jésus. Elle est malheureusement brisée.

26 septembre. Bulle avec l'image de la Sainte Vierge, l'Enfant Jésus devant la poitrine. Au revers, nom en monogramme cruciforme.

8 octobre. En sortant de ma retraite annuelle, j'apprends avec plaisir que deux trouvailles mariales ont été faites, depuis le commencement du mois.

24 octobre. Grande bulle mesurant près de trois centimètres de diamètre. La face porte le monogramme marial et dans les angles formés par les bras de la croix, inscription disposée en carré :

$$\text{TꙊ} \qquad \text{ΔꙊ}$$
$$\text{ΛꙊ} \qquad \text{CꙊ}$$

Ce qui donne : « *Mère de Dieu, protège ton serviteur.* » Ce monogramme marial a été reproduit dans un tableau à côté d'un portrait, et brodé en lettres d'or sur la superbe bannière de Notre-Dame de Carthage (1). Le revers mal conservé portait peut-être le nom de Théodore et le titre de Patrice.

31 octobre. Petite bulle offrant la tête de la Sainte Vierge entre deux petites croix.

22 novembre. Jolie bulle offrant l'image de la Sainte Vierge en orante et au revers un monogramme dans une couronne.

30 novembre. Premier jour de la neuvaine préparatoire de la fête de l'Immaculée-Conception. Bulle portant l'inscription :

$$+ \; \text{ΘΕ} \qquad\qquad + \; \text{ΓΕѠ}$$
$$\text{ΟΤΟΚ} \qquad\qquad \text{ΡΓΙꙊCT}$$
$$\text{ΕΒΟΗΘ} \qquad\qquad \text{ΡΑΤΗΛ}$$
$$\text{ΕΙ} \qquad\qquad \text{ΑΤꙊ}$$

« *Mère de Dieu, protège Georges, stratélate* », c'est-à-dire commandant d'armée, titre correspondant à celui de général.

Année 1923.

28 avril. Samedi. Bulle offrant l'image de la Sainte Vierge avec l'Enfant Jésus entre deux petites croix.

14 octobre. M. le Dr Houdard m'offre trois plombs de sa collection, tous trois offrant le buste de la Sainte Vierge avec l'Enfant Jésus.

(1) Au revers, à la partie supérieure, au-dessus de l'invocation : SCT MARIA AJVBA NOS. (Voir plus loin.)

17 octobre. Achat d'une statuette de la Sainte Vierge assise, les deux mains sur les genoux, sans l'Enfant Jésus.

20 octobre. Encore une statuette de la Sainte Vierge, mais cette fois avec l'Enfant Jésus assis sur ses genoux.

30 octobre. Un Arabe m'apporte deux morceaux d'une épitaphe qui est peut-être celle d'une chrétienne nommée *Marie* :

MARIA
fAMVLA
in PACE

7 novembre. Bulle avec la Sainte Vierge en orante.

9 novembre. Bulle avec la Sainte Vierge entre deux petites croix.

20 novembre. Veille de la fête de la Présentation. Achat de deux bulles. L'une porte la Sainte Vierge en orante, l'autre la Sainte Vierge avec l'Enfant Jésus, et au revers :

+ ΘѠ
ΜΑϹΤΡ
ΑΤΗΛΑ
ΤΟΥ

« *(Sceau du) général Thomas.* »

Année 1924.

25 mars. Fête de l'Annonciation. Je reconnais que trois lettres grecques gravées sur une pierre du musée et dont le sens m'avait jusqu'alors échappé, se rapportent au culte de la Sainte Vierge (1).

Voici ces trois lettres et leur signification :

ΧΜΓ

Ce sont les initiales de la formule :

ΧΡΙϹΤΟΝ ΜΑΡΙΑ ΓΕΝΝΑ

« *Marie enfante le Christ.* »

13 avril. Fête de Notre-Dame des Sept-Douleurs. Mme Lejeune, de Paris, ayant acheté à un Arabe une terre cuite rouge présentant beaucoup de ressemblance avec la tête nimbée que j'ai publiée dans mon volume : *le Culte de la Sainte Vierge en Afrique* (p. 81), veut bien en faire le sacrifice (car elle y tenait beaucoup comme souvenir de Carthage) et l'offrir en don au Musée Lavigerie.

2 Juillet. Fête de la Visitation. Un Arabe me présente un fragment de statuette de la Sainte Vierge avec l'Enfant Jésus et une bulle offrant aussi l'image de la Sainte Vierge. Marie apparaît en pied avec l'Enfant Jésus, entre deux petites croix; un ange porte une couronne au-dessus

du groupe; à droite, des palmes. Au revers, un monogramme qui semble renfermer le nom de Théodore.

12 juillet. Samedi. Un Arabe présente à un de mes confrères, le P. Châles, deux bulles, dont une mariale. Il en veut un prix trop élevé et mon confrère ne peut en faire l'acquisition.

25 octobre. Samedi. Achat d'une statuette de la Sainte Vierge avec l'Enfant Jésus sur les genoux.

1er novembre. Samedi. Fête de la Toussaint. Bulle offrant l'image de la Sainte Vierge avec l'Enfant Jésus sur la poitrine entre deux petites croix.

25 novembre. Les Bédouins préfèrent parfois un vêtement en échange de l'antiquité qu'ils offrent. C'est ainsi que, grâce à une paire de souliers assez fatigués, je fais l'acquisition d'une bulle offrant la Sainte Vierge avec l'Enfant Jésus entre deux petites croix.

28 novembre. Bulle avec le monogramme marial. Au revers, autre monogramme. Les deux monogrammes signifient : « *Mère de Dieu, protège Jean.* »

Phot. Musée Lavigerie.

PLAQUE DE MARBRE POSÉE DANS LA BASILIQUE PRIMATIALE DE CARTHAGE, REPRODUISANT D'ANTIQUES INVOCATIONS A LA MÈRE DE DIEU

(Au centre, buste nimbé de la Sainte Vierge avec l'Enfant-Jésus, entre deux petites croix.)

(1) Voir revue *Notre-Dame*, 1925, p. 323.

Année 1925.

28 janvier. Bulle avec cette inscription :

<table>
<tr><td>+ OЄ
OTOK
ЄBOHΘ
ЄI</td><td>+ ГЄW
PГIႪCT
PATHΛ
ATႦ</td></tr>
</table>

« *Mère de Dieu, protège Georges, général.* »

Le même jour, je fais l'acquisition d'une monnaie du moyen âge en métal blanc, un peu ébréchée. La face porte une effigie de profil tournée à droite, en costume de guerrier. Une croix, suspendue au cou, tombe sur la cuirasse. Autour on lit : O MATE(r Dei) MEMENTO MEI. « *O Mère de Dieu, souvenez-vous de moi.* »

29 janvier. Encore une monnaie. Elle est de cuivre et peut dater de deux ou trois siècles. La face porte la Sainte Vierge figurée à mi-corps avec l'Enfant Jésus sur le bras droit. Autour, les lettres R. C. L. A. Faudrait-il lire : *Regina Coeli, laetare, alleluia* (1)? Au revers, est représenté un saint.

2 février. Fête de la Purification de Marie

LA BANNIÈRE DE NOTRE-DAME DE CARTHAGE
AVEC DES INVOCATIONS ANCIENNES
RETROUVÉES DANS LES FOUILLES

et de la Présentation de Jésus au Temple. Tandis que je remonte de l'amphithéâtre à Saint-Louis, un gamin arabe me présente un

fragment de statuette de la Sainte Vierge avec l'Enfant Jésus.

11 février. Fête de l'Apparition de l'Immaculée à Lourdes. Mon confrère, le P. Châles, revenant de Sainte-Monique, a la même surprise.

MONNAIE D'ARGENT DE LÉOPOLD,
ROI DE HONGRIE (1689) TROUVÉE A CARTHAGE
(Dessin du marquis D'ANSELME DE PUISAYE.)

Mais, cette fois, le fragment appartient à une statuette qui était colorée en bleu, particularité constatée pour la première fois.

28 février. Samedi. Monnaie d'argent de Léopold, roi de Hongrie (fin du XVIIe s.). Elle offre l'image de Marie avec l'Enfant Jésus sur le bras gauche, et cette inscription :

PATRONA HUNGARIAE

C'est à partir du XIIIe siècle que la Sainte Vierge est représentée sur les monnaies de Hongrie. Voici la seconde fois qu'un Arabe m'apporte une monnaie de Hongrie offrant l'image de la Sainte Vierge. Les deux monnaies ont été percées pour être portées sans doute comme médaille. Mais il arrive assez souvent de trouver de ces monnaies chrétiennes, aussi bien que des médailles, suspendues au cou des femmes arabes en guise de breloques. Je donne ici la reproduction de la première monnaie de Hongrie qui m'arriva entre les mains. Le dessin est dû à l'habile plume du regretté marquis d'Anselme de Puysaie (1).

3 mai. Solennité de l'ouverture du mois de Marie célébrée dans la Primatiale de Carthage. Avant l'office, M. Icard m'offre pour le Musée Lavigerie plusieurs bulles intéressantes. Deux d'entre elles ont l'image de la Sainte Vierge, une autre le monogramme cruciforme de l'invocation à la Mère de Dieu; sur une autre, on lit :

<table>
<tr><td>+
MIXAH
ΛIႦKVB
IKႦΛA
PIOV</td><td>+
ΔႦΛ
ႦTHC
ΘЄOT
OKႦ</td></tr>
</table>

« *(Sceau de) Michelius, chambellan, serviteur de la Mère de Dieu.* »

(1) *Découvertes mariales* 1907-1908, p. 9. Trouvaille du 14 octobre 1907.

(1) Mais dans ces initiales on peut hésiter entre C et G.

Enfin il y en a une qui porte sur la face l'inscription :

$$+ \ \Theta KE$$
$$BOH\Theta H$$
$$TOV\Delta Y$$
$$\Lambda YCY$$

« Mère de Dieu, protège ton serviteur. »
Et, au revers, le nom de Théodore, honoré d'une dignité impériale, la première de celles qui étaient réservées aux exarques (1) :

$$+ \ \Theta EO$$
$$\Delta \omega PY$$
$$B^-NI\Psi I$$
$$CTAP^-$$

14 mai. Mme Louis Carton, me montrant la riche collection de son regretté mari, si dévoué à Carthage, a la grande générosité de faire don au Musée Lavigerie d'une série de plombs byzantins. Parmi ces bulles, il en est six ou sept qui offrent l'image de la Sainte Vierge. Une grande bulle de trois centimètres de diamètre porte la Sainte Vierge en pied, assise, avec l'Enfant Jésus sur la poitrine. La Mère et le Fils sont nimbés. Sur l'autre face, on voit quatre personnages debout représentant la famille impériale, Constant II, Constantin Pogonat, Héraclius et Tibère qui figurent de 658 à 668 sur les monnaies byzantines (2).

Les autres bulles, avec l'image de Marie, portent au revers un monogramme cruciforme ; une seule porte une inscription gravée en plusieurs lignes ; c'est celle d'un *magister militum*. Trois autres bulles mariales de la collection offrent le monogramme de l'invocation à la Mère de Dieu, deux avec monogramme au revers, et une avec inscription en plusieurs lignes :

$$+ \ TP\omega$$
$$IA\omega\Pi A$$
$$TPIKI$$
$$\omega \ +$$

C'est, comme on le voit, le sceau d'un personnage qui portait le titre de patrice.

***

Une telle abondance de pièces mariales trouvées à Carthage mérite d'être connue. Pour moi, je ne saurais assez exprimer la douce joie que ces trouvailles m'ont procurée. Elles ont été autant d'agréables surprises, car le plus souvent elles étaient absolument inattendues. Et combien

AUTEL DE NOTRE-DAME DE CARTHAGE ENTOURÉ D'EX-VOTO

de fois elles se sont présentées dans des circonstances qui en ont doublé la valeur et m'ont profondément ému !

Quand on aime la Très Sainte Vierge, quand on aime tout ce qui touche à son culte, on ne peut manquer de se réjouir des manifestations d'amour, de piété, de confiance, de reconnaissance envers la Reine du ciel.

Aussi, pendant qu'à l'autel de Notre-Dame de Carthage, dans la Primatiale, le nombre des *ex-voto* augmente, pendant que des messes demandées s'y célèbrent en actions de grâces ou pour obtenir quelque faveur, pendant que cierges et fleurs entourent sa blanche statue de marbre, pendant que des médailles et des images artistiques vont par milliers la faire connaître au loin avec les antiques invocations africaines, grecques, latines et arabe, ce n'est pas pour moi un moindre sujet de joie d'avoir à enregistrer si fréquemment quelque nouvelle trouvaille. Honneur au cardinal Lavigerie, qui, en 1875 (il y a cinquante ans), nous envoyait à Carthage avec la recommandation de nous intéresser aux antiquités ! Bénie soit à jamais sa mémoire !

Tous ces plombs, m'écrivait le chanoine Leroy, aumônier de Saint-Augustin d'Hippone, sont des pierres précieuses pour l'histoire de la dévotion

(1) Cf. *Bull. arch.* 1925, p. XXVI. Les bulles de M. Icard ont été présentées à la Commission de l'Afrique du Nord dans la séance du 13 janvier 1925.
(2) *Le Culte de la Sainte Vierge en Afrique*, p. 100 et 101.

LA BANNIÈRE DE NOTRE-DAME DE CARTHAGE AVEC DES REPRODUCTIONS D'INSCRIPTIONS ANCIENNES, ET DES INVOCATIONS NOUVELLES

mariale, et ces vieux débris de la piété antique sont vraiment pour nous, qui aimons la Reine de l'Eglise d'Afrique, un réconfort et un encouragement à l'aimer et à la servir.

J'ai dit plus haut combien le cardinal Rampolla m'avait encouragé à poursuivre mes recherches mariales dans les ruines de Carthage.

Depuis lors, c'est de partout, pourrais-je dire, que l'on m'incite à persévérer dans cette tâche. Qu'on en juge par quelques extraits de lettres pris au hasard.

De Rome :

Continuez avec courage vos fouilles mariales si intéressantes.

De Paris :

Vous avez eu une excellente idée de faire reproduire les plombs de bulle avec les images de la Mère de Dieu. Les serviteurs byzantins de la Sainte Vierge seraient agréablement surpris en voyant leurs invocations renaître au commencement du XXᵉ siècle. Mais l'Eglise ne change pas et nous nous trouvons en parfaite communion de foi et de sentiment avec l'Eglise primitive.

De Suisse :

Que de fois j'ai redit la délicieuse prière : *Sancta Maria, adjuva nos!* et je porte avec tant de joie la belle et chère médaille de Notre-Dame de Carthage! Elle m'a déjà tant exaucée que je désire lui mettre un *ex-voto*.

Un prêtre d'Angleterre qui fait son oraison jaculatoire de l'invocation : « *Théotoké boêthê tôu doulou sou: Mère de Dieu, protège ton serviteur* », m'écrivait :

J'aime à la répéter en y mettant les accents, car la langue grecque est essentiellement musicale.

Aujourd'hui, dans notre splendide basilique de Saint-Cyprien et de Saint-Louis, près de l'autel de Notre-Dame de Carthage, les antiques invocations et les modernes *ex-voto* forment à sa statue comme un cadre d'honneur et une auréole de gloire. Tous ces témoignages montrent avec une évidence, pour ainsi dire palpable, la réalisation, à travers les siècles, de la prophétie de Marie, dans son sublime cantique du *Magnificat : Beatam me dicent omnes generationes.* Oui, toutes les races, toutes les générations l'ont proclamée et la proclameront bienheureuse.

Le saint Curé d'Ars disait : « Oh! prenons garde de ne jamais rien mépriser de ce qui se rapporte au culte de Marie, cette Mère si bonne! »

M'inspirant de cette pieuse recommandation, c'est avec un profond sentiment d'amour, de joie et de reconnaissance, que dans cette année jubilaire, dans cette année du centenaire du cardinal Lavigerie, dans ce béni mois de Marie, je dépose aux pieds de Notre-Dame de Carthage cette nouvelle série de trouvailles mariales.

Après cet exposé, n'avons-nous pas le droit de répéter une fois de plus que le sol de Carthage est vraiment une *terre mariale!*

A.-L. DELATTRE,
des Pères Blancs.

1925-1129 — Imp. Paul Feron-Vrau, 3 et 5, rue Bayard. Paris-VIIIᵉ.

1925-1118 IMPRIMERIE PAUL FERON-VRAU

:: :: 3 ET 5, RUE BAYARD, PARIS-VIIIe :: ::

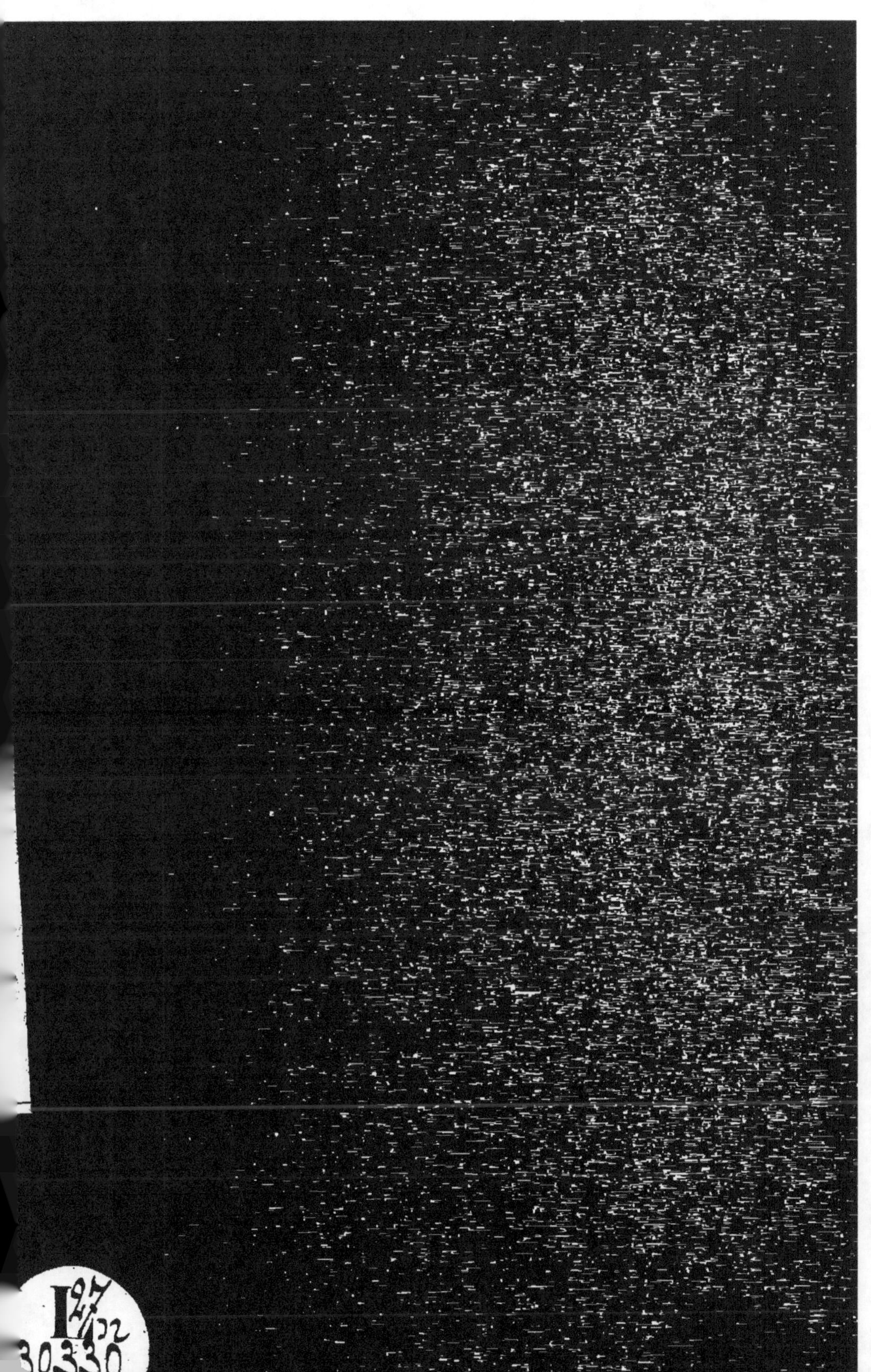

DISCOURS

PRONONCÉS LE 8 AVRIL 1878

SUR LA TOMBE DE

M. FÉLIX BOUDET

Membre de l'Académie de médecine,
Membre honoraire du Conseil de salubrité du département de la Seine,
Ancien professeur agrégé à l'École supérieure de pharmacie de Paris,
Secrétaire général de la Société de secours des Amis des sciences,
Président honoraire de la Société protectrice de l'Enfance.
Chevalier de la Légion d'honneur.

PARIS

IMPRIMERIE ARNOUS DE RIVIÈRE

26, RUE RACINE, 26

—

1878

PAR M. HENRI SAINTE-CLAIRE DEVILLE

MEMBRE DE L'ACADÉMIE DES SCIENCES.

M. Félix Boudet, membre de l'Académie de médecine, a été un savant distingué ; il a rempli dans notre administraton des emplois importants, enfin il a accepté, dans ces dernières années, des fonctions dans la Société protectrice de l'enfance, dans la Société Thenard des amis des sciences, fonctions auxquelles il s'est consacré avec un dévouement, une abnégation et un oubli de ses propres intérêts, qui ne seront jamais oubliés.

Comme savant, il a publié deux mémoires qui auront toujours une grande place dans la science : d'abord, un travail sur les réactions mutuelles des matières grasses et de l'acide hyponitrique : les résultats précis, les observations importantes qui y sont consignées sont devenus classiques, et le nom de M. Boudet se trouve nécessairement attaché aux applications qui en ont été faites.

Le second mémoire, dont je dirai seulement quelques mots, lui est commun avec M. Boutron : c'est l'exposé d'une méthode analytique précise et surtout d'une exécution facile qui permet, en très-peu de temps, de déterminer la composition des eaux potables : les instruments qu'ils ont inventés, les réactifs qu'ils ont employés sont d'un usage quotidien, et quand vous entendrez parler du titre hydrotimétrique d'une eau de source ou de rivière, souvenez-vous du nom de M. Boudet. Il est attaché désormais à un procédé analytique qui ne sera pas remplacé, tant ses indications sont sûres et les nombres qu'il donne sont exacts.

Aussi M. Boudet, en sa qualité de chimiste, membre du

conseil de salubrité, a-t-il été l'homme le plus souvent consulté sur les questions qui ont été soulevées, lorsque le conseil municipal de Paris a décidé la construction des canaux et aqueducs qui amènent à Paris les eaux de la Dhuys et de la Vanne.

Par une triste coïncidence, le même jour, à la même heure, nous rendons le même devoir funèbre à M. Boudet et à M. Belgrand. Le célèbre ingénieur, l'auteur de ces mêmes projets de canalisation, a été guidé dans toutes ses recherches par les analyses de M. Boudet et a constamment eu recours à la méthode hydrotimétrique de MM. Boutron et Boudet.

Comme application, M. Boudet ajoute à son mémoire un beau et complet travail sur la composition des eaux de source et de rivière adressé en 1861 au préfet de la Seine.

J'ai voulu donner une idée sommaire de la valeur scientifique des travaux de M. Boudet, en prenant seulement deux exemples frappants dans ses nombreuses publications. Mais que dire de la valeur morale d'un homme aussi pur, aussi bon et aussi habile à faire le bien ? Il suffira pour le faire comprendre de le suivre quelques instants dans les fonctions qu'il a remplies dans la Société protectrice de l'enfance et dans la Société des amis des sciences où j'ai eu le bonheur de le voir et de l'écouter si souvent. Il avait été l'un des fondateurs de cette société : à la mort de M. de Sénarmont, en 1861, il en fut le secrétaire général. Depuis 20 ans, M. Boudet en a été l'âme et le soutien. Il en a fait les archives, il en a consacré tous les précédents ; et la tradition se fera sur les exemples de sagesse et de prudence qu'il a donnés et qu'on saura imiter. Guidé dans cette œuvre par des présidents choisis parmi les hommes les plus considérables de la science, le secrétaire général indiquait la juste mesure dans le bien ; savait exécuter avec un tact parfait toutes les décissions du conseil, et répandait parmi les pauvres de la science et les familles de ces pauvres les faibles ressources d'une société qui est encore bien jeune. M. Boudet et ses savants collaborateurs ont toujours choisi avec soin, même avec une rigueur commandée d'ailleurs par l'exiguïté de notre capital, les clients de la Société, de façon qu'aujourd'hui ces bienfaits n'arrivent qu'à ceux qui ont mérité beaucoup de la science, mais peu de la fortune. Ils sont comme étaient souvent,

comme auraient dû être toujours les pensions accordées autrefois par les princes, ils sont, pour ceux qui les reçoivent, un
titre à l'estime publique.

Mon digne et savant ami M. Boudet est mort à près de soixante-
douze ans. Frappé jadis dans sa famille d'une manière cruelle,
frappé gravement dans sa santé depuis peu de temps, il a trouvé
près de lui une femme, des enfants qui l'ont entouré des soins
les plus tendres. Il est mort au milieu des siens dans un calme
moral admirable, sachant son état et se résignant à tout, sauf
à la douleur qu'éprouvaient sa famille et ses amis. Sa digne
veuve me prie de déclarer que, « son mari est mort en fervent
« catholique, demandant lui-même tous les secours de la reli-
« gion et exprimant combien il avait trouvé de force, de con-
« solation et de bonheur dans sa foi. » Je le fais ici en trans-
crivant fidèlement et avec respect les termes qu'elle-même m'a
dictés.

La famille Boudet possède une noblesse scientifique vieille
déjà de plusieurs générations. L'ami que nous quittons aujour-
d'hui n'a pas dérogé : il a été, en outre, un homme bon et
sachant faire le bien : ceux qui sont dignes de l'imiter ne l'ou-
blieront jamais.

DISCOURS PRONONCÉ

PAR M. RICHE

MEMBRE DE L'ACADÉMIE DE MÉDECINE.

Messieurs,

A peine l'Académie de médecine m'a-t-elle fait l'honneur de
m'admettre dans la section de pharmacie, à la place qu'y oc-
cupait si dignement Gobley, qu'un deuil nouveau vient la
frapper, et que m'est confié le triste devoir d'adresser, au nom
de cette section et de l'Académie, un dernier adieu, de rendre
un dernier hommage au confrère estimé, au savant conscien-
cieux dont la tombe entr'ouverte va se fermer à jamais.

Ce n'est pas ici le lieu de retracer le détail de ses travaux et
de ses services académiques. Je ne puis qu'esquisser à grands
traits cette vie si bien remplie, et mettre en lumière ces deux
points saillants qui la caractérisent et la résument : son ardeur
infatigable pour le travail et son amour passionné pour le bien.

Félix-Henri Boudet est né à Paris le 22 mai 1806. Après de
fortes études au lycée Charlemagne, il se livra, comme nombre
de jeunes savants de cette époque, à l'étude de la pharmacie,
et dans la même année, en 1833, il obtenait les diplômes de
docteur ès sciences et de pharmacien.

Les thèses qu'il soutint pour conquérir ces deux grades sont
deux travaux originaux importants. La première contient une
étude de l'*action hypoazotique sur les huiles*. Il y fait connaître
un moyen, fréquemment usité aujourd'hui, pour discerner les
mélanges de ces substances dont la valeur et les emplois sont
si différents. Ce réactif lui permet de distinguer deux sortes
d'oléines : l'une qui se rencontre dans les huiles siccatives de

lin, de noix, de pavot, sur laquelle l'acide hypoazotique est sans action ; l'autre qui se trouve dans les huiles non siccatives d'olive, d'amandes douces, dans les graisses, que cet acide attaque avec énergie pour fournir une substance solide, l'élaïdine susceptible de se transformer en un acide distinct, l'acide élaïdique.

Dans la seconde de ces thèses, le jeune chimiste étudie la *nature du sérum du sang* sur laquelle on n'avait que des notions très-incomplètes, et y signale l'existence de nouveaux éléments.

Dès que Félix Boudet eut obtenu ces deux grades, il prit la direction de l'officine de son père, — ou plus justement, — de sa famille, car celui-ci avait remplacé son oncle, qui avait suivi le général Bonaparte en Égypte, où il devint membre de l'Institut créé dans ce pays.

Succéder dignement à ses deux ancêtres, à Deyeux et à Pia, était une lourde tâche. Elle ne fut pas au-dessus des forces de notre confrère, et le renom de la maison ne fit que s'accroître parce qu'il était doué d'une infatigable activité, et que nul n'avait à un plus haut degré le sentiment de la dignité professionnelle du pharmacien.

Malgré ce travail incessant, il trouva néanmoins le temps de publier un grand nombre de recherches qui ont trait pour la plupart à des applications de la chimie à la pharmacie ; aussi lorsqu'en 1841, le Collége des pharmaciens perdit son autonomie et entra dans l'Université de l'État sous le nom d'École supérieure de pharmacie, fut-il naturellement désigné pour inaugurer l'agrégation avec M. Chatin, le seul survivant, et avec Henry, Buignet et Gobley.

Ces cinq hommes ont tenu ce qu'ils promettaient au début de la carrière et étendu cette parole : l'officine du pharmacien a été le berceau de la chimie. Tous ont exercé la profession avec distinction, soit dans les hôpitaux, soit à la tête des maisons les plus justement renommées de Paris. Tous ont été membres de l'Académie de médecine.

En 1846, Boudet fut nommé chevalier de la Légion d'honneur.

En 1849, un double et cruel malheur le frappa dans ses plus

chères affections : à trois mois de distance il perdit un jeune frère qui suivait avec succès la carrière médicale, et son père, qui, lui aussi, appartenait à cette Académie. Sa santé en éprouva une telle atteinte que sa femme et ses amis unirent leurs efforts pour qu'il prît quelque repos, et il se décida à quitter la pharmacie pratique plutôt que d'abandonner ses recherches. Mais il tint essentiellement à ce que la maison de Deyeux passât aux mains d'un homme digne de ses prédécesseurs, et il la céda à Edmond Robiquet, jeune agrégé de l'École de pharmacie, qu'une mort soudaine enleva peu de temps après.

La récompense ne se fit pas attendre. En 1852, il était nommé membre du Conseil d'hygiène et de salubrité de Paris, et, en 1856, son vœu le plus ardent fut réalisé par son élection à l'Académie de médecine.

Dès ce jour, Boudet se consacra tout entier à des travaux de chimie appliquée, et surtout aux occupations délicates et multipliées qui lui incombaient comme membre de l'Académie de médecine, du conseil de salubrité, de la Société de pharmacie, et du comité de rédaction du *Journal de pharmacie et de chimie* dont son père avait été l'un des fondateurs.

Permettez-moi d'appeler quelques instants votre attention sur deux sujets dont il a fait une étude approfondie, et qui sont la preuve de cette ténacité au travail et de cet amour du bien que je signalais comme caractérisant la vie de notre confrère.

En 1854, il publia, en commun avec M. Boutron, le vénéré doyen de notre section, un travail plein d'intérêt sur les eaux potables dans lequel ces deux savants font connaître une méthode d'analyse, basée sur l'emploi d'une solution alcoolique de savon, déjà indiquée par Clarke, méthode d'analyse qui est devenue entre leurs mains un moyen, suffisamment exact pour la pratique, de dosage de la chaux, des oxydes terreux et même de l'acide carbonique.

Pour donner une idée des services rendus par cette méthode, il me suffira de dire que c'est grâce à elle qu'un autre savant, Belgrand, que, par une triste coïncidence, on conduit également aujoud'hui à sa dernière demeure, a pu suffire à la tâche d'analyser jour par jour les eaux du bassin de Paris et des bassins environnants et de comparer pendant des années ces eaux entre elles, c'est-à-dire qu'elle a été le guide de ces recherches considérables qui ont eu pour magnifique résultat de doter Paris d'un service d'eaux dont la qualité ne le cède en rien à la quantité.

Boudet entra lui-même dans l'examen de cette question des eaux de Paris, et en 1855 il adressait au préfet de police un rapport très-intéressant sur ce sujet à propos des travaux de MM. Mille et Belgrand, et depuis cette époque il n'a cessé de s'en occuper. Après avoir éclairé l'administration sur le système *artériel* de Paris, comme M. Dumas a spirituellement appelé l'aménagement et la distribution de l'eau saine et aérée destinée à l'alimentation de la ville, il s'est attaché, soit seul, soit en commun avec M. Gérardin, à en étudier le système *veineux*, c'est-à-dire les liquides pollués et privés d'air respirable qui, jetés dans la Seine à Clichy et à Saint-Denis, constituent pour les riverains, même à de grandes distances, un foyer permanent et redoutable d'infection et d'insalubrité.

Le second sujet auquel Boudet a consacré aussi de longues années d'études est entièrement différent du précédent et d'une portée bien autrement grande. C'est de toutes les questions que le savant et le législateur doit résoudre une des plus importantes, parce que le développement physique, intellectuel et moral de notre pays en dépend pour une grande part : je veux parler de la réglementation des soins à donner à l'enfance. C'est à Boudet que revient l'honneur d'avoir appelé sur ce sujet l'attention de l'Académie, et, dès 1866, il s'attachait à démontrer qu'elle seule avait la compétence nécessaire pour étudier ce problème. Il s'en est suivi en 1868 et en 1869 une mémorable discussion qui, portant d'abord sur la mortalité des nourrissons, se généralisa et embrassa tous les points qui se lient à l'hygiène de l'enfance. Notre confrère fut sans cesse sur la brèche. Il établit que notre pays se trouve vis-à-vis des États voisins dans un état d'infériorité profondément regrettable, et lorsque, emporté par une ardeur juvénile due à sa conviction passionnée, il s'écria : Messieurs, *la patrie est en danger*, l'assemblée tout entière se sentit profondément émue.

Une commission permanente fut nommée. Boudet en obtint chaque année la présidence et il n'est pas douteux que si, dans les sphères administratives, un progrès notable s'est réalisé, il en revient une grande part à cette commission dont les lumineux rapports sont dus à la plume de M. Devilliers.

Il semble que tant et de si importants travaux étaient suffisants pour occuper l'activité de notre confrère, et cependant il n'en est rien. Une voix plus autorisée, celle de mon bien-aimé maître, M. Sainte-Claire Deville, vient de vous retracer les services que Boudet a rendus à la Société de Thenard, à la Société des amis des sciences, qui, si près de son berceau, est devenue, grâce surtout au dévouement et à l'activité de son secrétaire général, une institution très-florissante.

La passion de Boudet pour l'étude et pour le bien l'a malheureusement empêché d'écouter la voix de sa famille et de ses amis, et l'abus de ses forces lui a donné, il y a deux ans, les premières atteintes du mal qui nous l'a enlevé. Mais, si sa parole et sa main étaient devenues inhabiles à traduire toute sa pensée, la lucidité de son esprit et la chaleur de son cœur étaient restées intactes, car, il y a quelques jours à peine, déjà dans les bras de la mort, pénétré du secours inattendu que les travaux de M. Pasteur peuvent apporter à l'art de guérir, il remettait à M. Dumas, sous le voile de l'anonyme, une somme de 6,000 francs pour l'auteur de l'application la plus heureuse des nouvelles théories à la médecine et à la chirurgie.

Adieu, cher et regretté confrère. Tu as été l'honneur de la pharmacie et de l'École de pharmacie de Paris; tu as été l'honneur de cette Académie; je puis le dire sans exagération, tu as été l'honneur de l'humanité. Et, s'il peut y avoir quelque consolation pour la compagne qui t'a entouré de tant de soins et pour tes enfants si profondément affligés, c'est assurément dans cette pensée que bien peu d'hommes quittent cette terre après y avoir semé tant de bons exemples et fait éclore tant de bien.

DISCOURS PRONONCÉ

PAR M. MÉHU

PRÉSIDENT DE LA SOCIÉTÉ DE PHARMACIE DE PARIS.

Messieurs,

C'est au nom de la Société de pharmacie que je viens dire aussi un dernier adieu à notre bien regretté collègue.

Depuis plus de quarante ans qu'il appartenait à notre Société et jusqu'à l'heure où l'impitoyable mal qui devait nous le ravir est venu le frapper, M. F. Boudet fut l'un de ses membres les plus assidus et les plus dévoués, et assurément l'un de ceux qui lui faisaient le plus d'honneur par ses travaux scientifiques. Le caractère généreux et le zèle ardent que M. F. Boudet apportait à tout ce qui touche aux progrès des sciences comme aussi à l'honneur et aux intérêts généraux de notre profession nous le rendaient mille fois précieux. Nous tous qui savons combien fut grande la part de M. Boudet dans les travaux des Sociétés scientifiques et philanthropiques auxquelles il s'était associé et tout particulièrement dans ceux de la Société de pharmacie, nous sentons la grandeur de la perte que nous subissons et nous la déplorons amèrement. Car nul de nous ne saurait oublier jamais combien il stimulait le zèle de ses collègues par ses excellents conseils et plus encore par son exemple.

L'homme de science et de devoir que nous pleurons aujourd'hui laisse de nombreux travaux originaux. Tout jeune encore en 1832, M. Boudet soutenait devant la Faculté des sciences de Paris une thèse de doctorat sur *l'action de l'acide hyponitrique sur les huiles;* c'est là qu'il expose sa découverte importante de deux principes nouveaux de l'histoire des corps gras, l'élaïdine et l'acide élaïdique.

Un an plus tard, dans sa thèse non moins remarquable sur le sang soutenue devant l'École de pharmacie, il démontrait dans ce liquide l'existence d'un savon alcalin, celle de la cholestérine et d'un corps jusqu'alors inconnu qu'il nomma *séroline*.

Stimulé par d'aussi brillants débuts et encouragé d'ailleurs par les plus illustres chimistes de ce temps, M. Boudet se livra avec autant d'ardeur que de succès à des études scientifiques sur des sujets des plus variés. Pendant plusieurs années aussi il dirigea avec un grand talent et la plus rigide probité l'une des pharmacies les plus justement renommées de Paris.

Laissez-moi rappeler encore à votre souvenir quelques-uns de ses travaux devenus classiques : 1º son *Mémoire sur la substitution du sulfure de sodium à l'orpiment dans le dépilage des peaux*, travail important qui mérite à notre cher collègue une place très-honorable parmi les bienfaiteurs de l'humanité; 2º *l'Hydrotimétrie* (en collaboration avec M. Boutron), ses études sur les eaux potables, sur les eaux minérales et sur l'assainissement des eaux putrides; 3° enfin, de nombreux mémoires de pharmacie pratique, parmi lesquels une étude sur le sirop de quinquina, dont les résultats sont inscrits au Codex.

Je m'arrête, Messieurs, car j'ai une trop imparfaite connaissance des travaux de M. F. Boudet pour en tracer un exposé digne de leur auteur. J'ai simplement essayé de vous rappeler la grandeur de la perte que nous subissons. L'heure viendra où une main amie et plus expérimentée que la mienne recueillera pieusement les mémoires laissés par notre regretté collègue et nous dira tout ce qu'a produit cette vie d'homme de bien et de savant.

Au nom de tous vos collègues, cher monsieur Boudet, je vous dis un dernier adieu.

———

DISCOURS PRONONCÉ

PAR M. LE DOCTEUR MARJOLIN

VICE-PRÉSIDENT DE LA SOCIÉTÉ PROTECTRICE DE L'ENFANCE.

Messieurs,

En venant, au nom de la Société protectrice de l'Enfance de Paris, dire un dernier adieu à notre cher et vénéré Président honoraire, M. F. Boudet, je ne fais qu'acquitter une dette de reconnaissance si justement due à la mémoire du savant et de l'homme de bien qui, pendant les cinq années de sa présidence, donna à cette Société naissante une impulsion qui contribua singulièrement à la faire connaître et à lui gagner des adhésions.

Messieurs, il est des hommes dont le caractère intime se révèle tout d'un coup au milieu de la carrière la mieux remplie, par un de ces actes dont les résultats ont une importance réelle pour le bien du pays. M. Boudet aura été de ce nombre, et, s'il n'a pas eu l'idée de la création de la Société protectrice de l'enfance, il fut certainement le plus ardent de ses membres pour faire une propagande des plus actives. Parlant à tous avec cette chaleureuse éloquence que donne la conviction, il fit les plus nobles efforts pour tirer le pays de la coupable insouciance avec laquelle, depuis des années, il laissait périr tant d'enfants qui auraient constitué sa richesse et sa force.

Mais il ne suffisait pas d'avoir provoqué l'attention de l'Académie de médecine sur le triste sort réservé à tant d'enfants, il fallait donner l'exemple de la persévérance dans cette lutte contre l'ignorance, l'apathie et l'oubli des devoirs les plus sacrés, et c'est à cette rude tâche que notre cher collègue consacra tout son temps, tous ses efforts. Il s'y épuisa, c'est le

mot, et nous le voyons encore, frappé déjà par la terrible affec-
tion qui devait nous priver de son concours actif, s'intéresser
jusqu'à ses derniers moments aux travaux de notre Société.
C'est le soldat qui combat jusqu'à la mort, il ne rend pas son
drapeau, il le confie à ses survivants pour le défendre et le main-
tenir haut dans la lutte; c'est l'apôtre qui, sentant ses forces
faiblir, recommande à ses compagnons de ne jamais abandonner l'œuvre entreprise; il faut conserver au pays ses enfants,
ses défenseurs, il faut sortir de cette apathie dangereuse, cri-
minelle, qui nous appauvrit, qui nous décime; il faut relever
cette pauvre France si cruellement éprouvée, et pour cela il
faut, avant tout, s'occuper de la jeunesse.

Telle fut, Messieurs, la part active que notre excellent ami et
Président ne cessa de prendre dans toutes les circonstances
où il s'gissait de questions relatives à l'hygiène et à la pro-
tection de l'enfance; j'avais donc raison de dire que son nom
restera à jamais attaché à cette grande œuvre de la régénération
de notre pays.

A cette bonté et à cette ardeur entraînante, M. Boudet joi-
gnait une autre qualité non moins grande, celle de la modestie;
personne n'a retracé avec la plus impartiale vérité l'histoire des
premières années de notre Société; il y a seulement une lacune :
nulle part on ne trouve trace de ce qu'il avait su faire avec tant
de zèle et de dévonement.

Messieurs, on a souvent dit et repété que le plus bel éloge
que l'on pourrait faire de ceux qui ont bien vécu était de les
imiter; dans cette douloureuse circonstance, permettez-moi
donc de m'adresser à vous tous qui êtes venus vous associer au
deuil d'une famille; M. Boudet a consacré une grande partie
de sa vie à une œuvre éminemment nationale, à la Société
protectrice de l'enfance; ne laissez pas périr cette œuvre,
soutenez-la de votre appui, de votre concours, ce sera la meil-
leure manière d'honorer sa mémoire.

3251. Paris. — Imprimerie Arnous de Rivière, rue Racine, 26.